김태우 김나선 미정 이유월 이예란 홍시
오진서 황현정 박서연 윤신 최료 하준
박다은 이가영 강혁준 다소 사각지대 현
여휘운 민윤지 안홍글 손화정 정
나리빛 지구 정다민 물망 수생 이민이
임서윤 여름 주제균 수 공민서 강랑
이도희 시현 문희 윤보휘 하제 박여름
송수연 소운 재인 이도현 김모은 추단비
가온 생강 박시현 김우리 이예림 신혜 -

오용 · 남용 · 과용 금지

2024년 6월

I

나이트 시프트 김태우 13

다정한 하루 김나선 14

驕, 오래된 이름에 깃든 저주는 힘이 없고 미정 16

배웅 이유월 18

흐림, 랑데부, 속삭임 이예란 20

레퀴엠 홍시 23

치환 오진서 24

차라리 숟가락의 용도 황현정 26

Epilogue 박서연 28

은석에게 윤신 31

지난 겨울 최료 34

그래도 당신이라면 하준 36

지구인의 시는 외계인의 농담 박다은 38

추신 이가영 40

가시엉겅퀴 강혁준 42

나는 너무 물렁한 사람임을 다소 44

그많은이름을눌러담아다정이라했다 사각지대 46

사랑으로 오인하여 현   48

II

기다리는 여휘운   51
내가 좋아하는 사람들은 모두 이름을 바꿨어 민윤지   52
너에게만은 끊어지지 않는 다정을 안홍글   54
Best After 손화정   56
귀도리 정   58
곤란함의 아이러니 나리빛   59
구명救命 지구   60
다정과 찌꺼기 정다민   62
나를 봐주는 친구들에게 물망   64
내복약 수생   66
다정을 위하여 이민이   68
말하지 않아도 임서윤   70
다정의 문법 여름   72

다정한 유언 주제균	74
멍든 사과 수	76
미레에게 공민서	78
밀수 기록 강랑	80
생명선 이도희	82
맥주병 시현	83
사람들의 유언을 모아 주머니에 넣고 너의 이름을 불렀지	
문희	84
모국어 전이 현상 윤보휘	86
다정한 동그라미 하제	87
사랑의 습관 박여름	88
보살핌 송수연	90
시소 소운	91
영롱한 몽롱 재인	92
Blue Whale, blue 이도현	93
서린 마음이름을 부른다는 건 아무런 연고 없는 낱말에 너를 떠올린다는 것 김모은	94

익사 추단비	96
나정아, 들어봐 가온	99
솜사탕 마법사 생강	100
스노우볼의 궤도 박시현	102
섬 김우리	104
정점 이예림	105
계절과 당신 신혜	106
	108

○ 작가명은 작품 첫 장의 쪽 번호 옆에 표기하였습니다.

I

나이트 시프트

 나는 요즘 내가 아닌 거 같아 그래 보여 내가 잠꼬대를 그만두지 못하는 너의 옆에 자리를 잡는다 이를 닦던 팔을 멈추자 그러자 밤이 되었고 어제보다도 더욱 먼 밤에서 너는 속없이 흔들렸다 문진으로 들여다보는 하품처럼 차가워 보기에만 그렇다고 반지를 잃어버릴 줄은 몰랐어 따뜻해서 너가 부쩍 요즘 잘 자고 일어나서 웃음이 막 나와 비틀어진 튜브에서 나오는 치약같이 출처를 확인할 방법이 없었고 그렇다고 굳이 물어보진 말자 말해야 안다는 말은 이럴 때 쓰는 말이 아니란다 눈을 감은 채 너는 끝끝내 다정했지만 푸르스름한 석양만 감도는 시간이라 무언가 다시 사라진 것만 같았다 코울슬로와 콘치즈 그 사이의 어딘가로

다정한 하루

노랑발도요가 하늘을 지나는 동안에
저녁은 일찍 끝나버렸다

식어버린 밥을 우물거리다가
약한 말들이 입 안에서 짓이겨지는 것을 느낀다

가쁜 숨이 도착하는 공간은 가만히 있어도
끊임없이 여리고

끊임없이 헤어진 너는
내 얼굴 위로 겹겹이 그림자를 올린다

나는 네가 너무 다를까 봐
닮아간다고 말했나 봐

속삭임의 길이는 입의 거리가 걸어진 만큼 길어져 왔다
기복이 짧아지는 만큼 다리를 뻗었다

손안에 있었던 것들을 허탈하게 턴다
마음이 안온해질수록 너를 찾고 싶지 않았다

식사를 마치고 네 옆에 쓰러져
머리를 숙이고 네 냄새를 맡다가
메마른 눈가를 만진다
빈맥으로 인한 진동이 혈관을 타고 귓가까지 오른다

권태롭다는 말 뒤에 스무 개 남짓의 말을 숨겼다

驕, 오래된 이름에 깃든 저주는 힘이 없고

매 편지의 첫 시작은 항상 불온하지
대상이 없어서인지 목적이 없어서인지
어쩌면 둘 다일지 모른다고

교야
다정은 발목에 물고기를 새겨 넣는 일
창밖엔 해묵은 마음이 둥둥 떠다니고
해파리는 영생을 산대

교야
내 손톱엔 별이 있어
내가 손톱에 별을 새겨 넣는 걸 좋아하는 이유로
우리는 다신 보지 못하는 걸까

교야
가로등 아래 손가락은 평소보다 가늘고
손 대면 바스러질 것 같아
평범한 온기에도 너는 쉽게 무너지지

아끼던 양말을 버리지 못해 서랍 한구석에 쌓아두는 일
그런 게 의미가 있었을까

驕,
적어도 너에게는
쉽게 버리지 못하는 해진 양말 같은 게

찢긴 달력 뒤편에는 낙원이 있어
무얼 새겨 넣어도 너는 멀리 헤엄쳐 갈 것 같아

다 쓴 휴지를 한데 뭉쳐 새 휴지로 감싸 쥐는 것
발견되지 않은 문자들을 그러모아 휴지 사이에 감추고

초라한 다정이 창피해

그런 다정에 감사할 줄 아는 사람이
우리는 아니었던 거지

오래된 이름을 미신처럼 붙잡고 사는 일
미개봉 편지에서 발견되는 와해된 언어
우리는 장마로 기운 불씨 같은 것

잘 자,
내 다정은 빌지 마

배웅

마중처럼 꺼내 두는 의자를
다정이라고 믿었어

들기름에 구운 두부
고소한 향기의 시금치

하나둘 음식이 나오고
나는 여기
모든 의자를 꺼내 두기 시작했지

멍청하게 벌어진 입처럼
할 말 없이 흘러내리는 침처럼

앞섰던 마음은 엎질러져
축축해지는 바닥

하나같이 넘어져 있는 의자를
일으켜 세워주며
괜찮다는 말은 버릇이 되고

끌어안아도
주저앉는 나는
실패한 체온 같았지

혼잣말은 비로소
혼자 남게 될 때까지

다가오는 소리가 있었어
문에 종 같은 건
달려 있지 않았는데

끝인지
시작인지 모르게

식어가고 있었어
일어나고 있었어

흐림, 랑데부, 속삭임

안개 때문에 새벽 같았다
연체된 책에 대해 직원에게 물어보는 사람을 지나쳐서
율무차가 맛있는 자판기를 한 번 훑어봤다
울고 싶은 얼굴로 내 옆에 서있는 B

시선이 너에게 묻었는지
이유를 묻는다
볼에 점이 있는데 알아?
몰랐어 이유 없이 점이 늘어가
조물주가 어떤 표식을 남긴 걸 거야
조금 더 사랑하는 조각이라고
천기누설이라고 벼락을 맞으면 어떡하지

누군가 카페에서 얼음을 바닥에 쏟았다
와르르
근데 왜 둘 다 웃고 있던 거지
그들의 즐거움은 어디까지 이어지는지
허벅지가 다 젖어도

서서히 밀봉된 비밀들을 꺼내놓으면

과거로부터 기인된 상처들이 눈앞으로 진열되는 것 같아
이렇게까지 말한 적 없어
누구에게도
우리 좀 걸을까

나는 그 시간으로 갈 수 없는데
쪼그라들고 다시 팽창하는
마음
괜찮아
잘했어
그 말은 너무 허무하게 공기 중으로 투명해져
그래서 그렇게 많이 반복했을지도 모르지
아무것도 사라지지 말아줘
그늘진 그 얼굴로
과거의
낙인에
몰두하지 말아 줘

그림자를 모두 내게 줄래
닿지 못하는 시간을 이해하지 못할지라도

품에 들어오기 좋은 크기로 작아진
언제든 세계를 크게 울릴
그런
가능성

소란스럽게 부서지고
새로 태어나자

그런 미래가 온다면
난 너의 허물을 껴안을 텐데

레퀴엠

네가 다리를 잃는다면 내 다리를 줄 거야
나는 다리를 잃어버린 사람이 되고 싶었다

마주 보고 앉은 자리가 따듯하게 달아오르고
화가 난 우리가 싸구려 와인으로 오래오래 달아지면
이탈리아의 2월은 포근하고 애가 닳아서
눈 대신 코코아파우더가 내렸다

티라미수와 카푸치노
피스타치오와 모스카토 다스티
뭉근하고 달콤하게 한데 끓여내던
투명하고 무수한 약속들 노래들

나는 다리를 잃어버린 사람이 되지 못했다
내가 다리를 잃어도 이제는 줄 사람이 없지

한없이 뾰족하게 얼어 돌아서다가도
사랑스러운 다정에 하늘하늘 녹아내리던
영영 돌아오지 않을 계절의 이탈리아를 위한,

치환

어떤 다정함은
서늘한 안부의 얼굴을 띤다

해사한 미소로 무사를 비는
동여맨 옷깃 사이
그늘진 마음이 새어 나올 때

들키기 싫은 속내를
어슴푸레 목도한 자의
묘연히 하강하는 마음이다

어떤 다정함은
가엾은 타자를 향한
연민으로 채워진 허상이다

나와 너를 잇지 못하고
너른 공터를 배회하다
신기루처럼 사라질 환영이다

어떤 다정함은
허공을 향해 부유하는 손짓이다

위로할 수 없는 못난 마음으로
도돌이표 같은 희망과
사그라질 온기를 나눈다

제때 쓰이지 못한
가엾은 다정의 불씨를 모아
마음의 정류장에 어연 창窓을 낸다

하염없을 시간을 머무르고
서운하지 않을 만큼의
무던한 작별이 오가는 곳

붙잡으려 할수록 휘발되는 생生 앞에서
유한히 속박되지 않으려
마땅히 승차를 기다리지만,
실은 오래 정박하고 싶은

어떤 다정함은
한낱 무해한 배웅 뒤로
나지막이 솟아오르는 마음이다

차라리 숟가락의 용도

진단명은 난독증이었다 읽지 못하는 병에 걸리셨습니다
읽지 못하는 것은 비단 외국어로 된 문장만이 아니었고
너의 말
살려 달라는
읽지 못하는
나의 귀

병을 앓은 지는 한참 되었다
내 주변에 성한 사람이 하나도 없고

방에 혼자
읽어낼 게 나뿐이다 오히려 가벼운
병자들이 방 밖에서 달려든다. 한 번만 안아달라고
몸을 일으켜 세우기에는 차라리 무거운
자주 아프고 자주 힘들고 자주 슬픈 사람들
품을 찾아 날을 타고 평지를 걷는 사람들
비어있는 가슴들이 유독 자주 보이는 여름이었다
땀 질질 흘리면서 바람은 메마른 계절
아무것도 마르지 못하고
젖어서 퉁퉁 불어 얼굴을 잃는 계절

자주 천장에 매달리는 나는 조명의 삶에 가깝고

누워서 팔을 쭉 펼치면 품이라는 것은 사라진다
품이 없는 채로 사는 것은 결국에 가벼운
아무 데도 쓰이지 못하는 편평한 숟가락의 삶에 진입하는 중

그러면 너는 말하지
혼자야 내 케이크 여섯 조각으로 나누어 주라 굴곡 없는 너의 직선으로

편평한 숟가락으로 편평한 접시 위에 평등하게 나뉜 조각들 나누어 올리면
아 마침내 어깨를 둥글게 말고는
먹다 씹다 입다 걷다 타다 듣고 읽고 쓰고 듣고 쓰고 읽고 적고 읽고 듣고
읽고
읽고
읽고
읽고

Epilogue

그해 여름 우리가 수없이 돌려본 영화의 여주인공에게는 뺨을 긁적이는 버릇이 있다

이것이 배우의 습관인지 연기의 일종인지 궁금해 괜히 따라 해본다
무안한 듯 긁적이다가 부스스한 옆머리도 매만져보고

일 년 내내 따뜻한 날씨만 계속되는 먼 나라에
언젠가 함께 가자던 목소리를 떠올리며

거대한 다정함에 체하지 않도록 같은 낱말을 꼭꼭 씹으면서
여름 감기를 열병처럼 앓으면서도 다시 여름으로 나아간다

*꿈꾸는 사람들을 위하여**

숱하게 살아남은 여름 안에서 섣부른 노랫말들이 울먹거릴 때면
알 수 없는 언어가 담긴 시집을 몇 권 선물하곤 했는데

달콤한 약속은 여린 피아노 선율을 타고 흘러가 버렸고
화면을 가득 채운 그녀의 눈빛은 여전히 슬퍼

나는 여름의 반대편에서도 그 여름을 자주 떠올렸고

비행기를 타고 지구의 자전 속도를 따라 움직이면
영원히 같은 시간에 머무를 수 있을까

마침표가 덜 마른 문장 끝에 다다르면 끄트머리가 닳은
필름들

바닥엔 유통기한이 지난 감기약이 굴러다니고
오래된 라디오에서 잊고 있던 3절의 가사가 쏟아져 내릴
때

어째서인지 무언가 빠져나가는 느낌

어젯밤에는 내내 여린 비가 내렸고
나는 다시 한번 그 여름을 생각했고

이 영화에서는 에필로그가 중요하지
프레임들이 빠르게 겹쳐지며 우리의 장면은 재구성된다

* 「La La Land」의 삽입곡 'Audition' 중

은석에게

은석아
눈이 온다

네가 있는 그곳은 한여름인데 여기는 이렇게 눈이 온다 조각처럼 부서지는 얼음의 결정이 소음을 소란한 마음을 빨아들이고 몸을 바닥으로 던진다 벌어진 낮과 괴롭던 며칠의 밤이 언제였나 모르게 고요하고 가만한 눈만이, 그 정적만이 내린다 흰빛이 흰 숨이 흰 망각만이 얕게 쌓인다

우와 눈에도 소리가 있어
놀라던 너의 감탄 입을 벌리고 동조하던 나의 기쁨
그게 벌써 몇 년이나 지난겨울이라니

참, 어제 소포를 받았다 투명 테이프가 온 테두리를 단단히 감싸 투명한 속도로 투명한 소리로 투명한 냄새로 문 앞에 도착한 하나의 행성이자 하나의 세계; 코코 블랙의 다크 초콜릿, 검은색 양장 노트, 책갈피, 그림책과 캐러멜 루이보스 차, 겨울나무 향 비누. 무분별한 선택 속 익숙한 취향 사물에 담긴 다정을 가만히 응시하다 웃다가 운다 적절한 순간에 만난 다정함은 가끔 견딜 수 없을 만큼 괴

로워 다정의 껍데기를 벗겨 한 조각씩 베어 문다 목구멍으로 다정이 흐르고 꿀꺽
  그리고 이내 그것을 삼킨다

  다정이 혀로
  다정이 폐로
  다정이 살갗 아래 어딘가로
  몸 하나를 그대로 통과해
  차가운 공기 안 피어오르는 숨결 사이로
  다정이 사방으로 퍼진다

  나는 무엇을 너에게 보낼까
  어린 동주처럼 눈을 한 움큼 넣을까*
  긴 시를 쓸까

  은석아
  은석아
  이름을 부를까

  그러나 은석아

모든 것이 정지한 듯
　여기에는 그저 눈이 온다
　소리 있는 눈이 그때와는 다른 눈이 그만큼의 나이가 든 눈이
　이렇게 온다

　너에게 가려는 듯 점점 더 거세어진다

* 1936년에 쓰인 윤동주의 시 편지 가운데

지난 겨울

손 끝이 노래지도록 귤을 까고
왼쪽 어깨는 주로 젖어있었다

네 옆에 있으면
손보다 코가 더 시렸었고
입술은 립밤을 발라도 부르텄다

소파를 좋아하는 이유를 이제 알았다
퍽 웃겼지만 계속 의자에 앉았다

침대에 누울 땐 항상 팔이 저렸고
마주 보지 않아도 우리는 서로의 표정을 알 수 있었다

진지한 이야기는 꼭 이불 속에서 펼쳐지는 동화 같은 것

우리의 미래는 아이스볼을 만들다 실패한 얼음 같다
계속해서 홀짝이다 보면
창문이 놓치는 빛조차 알아챌 수 없는 것처럼
계속해서 홀짝이다 보면
우리가 놓치는 걸 알아차릴 수 없겠지

마침 창 밖으로 폭설이 내리고 있었고
우리는 꼼짝 없이 방 안에 갇혔다

영원히 갇히고 싶었다
네가 눈사람이 되어 다음 계절에 사라질 줄 알았더라면

너와 더 포개지는 거였는데

그래도 당신이라면

겨우 제 한 몸 지켜보겠다고
부적처럼 품고 다니던
호신용 사랑을
당신에게 빼앗기고
짓밟히고 찢어발겨져도
외롭거나 슬프지 않았습니다

그저 허전할 뿐이었는데
오히려 그 사실이 슬퍼서
한참을 잠들지 못하고
허물보다 두꺼운 이불 밑에서
나비가 될 때까지 숨죽였습니다

아무도 찌를 수 없는 날붙이를
심장처럼 섬기고 산다면
악의를 허락해 주실까요

잠시 열어둔 갈빗대 사이로
진눈깨비만 몰래 다녀가고

빈자리에 차오르는 것은
차디찬 달도 아니고
뜨거운 눈물도 아니고
그저 울고 싶은 기분이었는데

이런 마음도 시가 될 수 있다고
누구에게 배운 적도 없는데
어째서 알고 있는 걸까요

이런 날갯짓으로는
추락이 아니면
달리 보여드릴 것이 없는데
그래도 당신이라면 혹시
낙화로 기억해 주실까요

최후의 최후까지
습관처럼 다정하실까요

지구인의 시는 외계인의 농담

악몽을 꾼다는 너의 말을 듣고
밤새 방 안에서 우산을 씌워준 적 있었지

한 손으로는 장난감 주사위를 굴리며
새벽의 모서리가 닳아 없어질 때까지
한참 숨죽여 울어준 적도 있었지

인간 같은 건 되고 싶지 않았다고
네가 말했을 때

나는 네가 인간이라
참 다행이라고 생각했는데

너는 어때?

시를 쓰지만 촌스럽지 않고,
재미있는 주제에 거짓말도 잘하는 사람아

지금은 어디서 무얼 하고 있어?

아직도 검은색 옷만 입고 다니는지

단종 되어버린 흰색 섬유유연제를 고집하는지
냉동고에는 작년의 생일 케이크가 남아있는지

그때 빌었던 소원은 이루어졌는지
혹은 부서졌는지
아니면 도망갔는지, 너처럼

너의 낡고 아픈 초록색 외투처럼
나는 또 촌스러운 웃음을 짓지
시처럼

그건 푸른 행성에 불시착한 언어 같은 거야
어느 날 너에게 불쑥 던졌던 농담 같은 거야

나 사실은 다른 별에서 왔어

그럼 네가 침묵보다 간결한 눈동자로
날 안아주었지

비좁은 우주 안에서
자명종이 울음을 그칠 때까지

추신

있지,
다정 때문에 죽어본 적 있어?

열은 바람이 머리칼을 흩트리는 계절이나 염원 같은 첫눈을 기다리던 계절에 끝없이 밀려드는 파도 앞의 맹세를 사랑이라고 여기던 때가 있었어. 하얗게 부서지는 물꽃이 꼭 영원인 것만 같아서 나는 단 한 글자도 쓸 수 없었다. 찰랑이는 파도가 멸망처럼 멀어지는 순간을 본 적이 있니. 사랑도 영원도 아닌 진공을 온전한 마음으로 견뎌야 할 때 무슨 생각을 해야 할까. 사랑 없이 설명할 수 있는 말이 얼마나 된다고 생각하니.

여전히,
다정 때문에 죽어본 적 있어?

사랑 없이 설명할 수 있는 말은 다정. 있는 힘껏 손을 뻗었을 때 한 뼘 차이로 닿지 않을 만큼의 간격. 혹은 손 뻗지 않아도 알맞게 붙잡히는 촉감. 그런 마음. 제자리에서 잡히는 것이 없는 때가 되어서야 비로소 그것을 다정이라고 부른다는 걸 알았어. 늘 잡히는 것 있는 사랑으로는 설명할 수가 없는 다정. 무無의 허공을 가만히 응시한다. 봄의 향기처럼 와서 겨울의 공기처럼 남는 것. 건조하고 담담한 고백을 전해. 네가 두고 간 다정이 버거워 몇 번이고 몇 번이고 나 잠겼던 적이 있다고.

가시엉겅퀴

정이 많다는 건 아무래도
좀 그렇지,
딱히 어여쁜 모양은 아니라고
난 그렇게 생각해

다정한 건 무릇 좋은 거라고
없는 것보단 더 나은 거라고

그런 말들을 암만
몇 번씩, 여기저기서 주워들어봤자
결국엔 미어지고 말 상투적인 말
그런 말이라는 생각만 들고 마니까

요즘을 살아가는 사람과
사랑에게는 꼭 그런 것 같아

그러니까, 정이 많다는 건
늘 그렇지
마냥 어여쁜 모양일 순 없으며
걱정만 늘어갈 뿐이라고,

그리 여기면서 따갑게 웃곤 해

다정하려 했던 만큼 얽매이다
그만큼 앓는 하루에 옭매이다

이렇게 따갑기만 한 웃음만
한껏 익숙해져 버린 것 같지

아무튼 간에 이토록 어릿한
내 혼잣말이, 부디 비관적으로만
들리지만은 않길 바라는 중

한갓 상투적이긴 싫었고,
봄비처럼 다정하고 싶었지마는
한낱 걱정일 수밖에 없어,
서러이 따가웠던 애정이었음을

조금은 알아줬으면 좋겠는데

나는 너무 물렁한 사람임을

왜 자꾸만 저를
함부로 대하려 드시나요?

어쩌면 사용 설명서에 그리 적혀있을지도요
아무렇게나 손에 쥐고 주무르고
찌르다 때리고 무시하다 던지세요

나의 물렁한 피부는 피 한 방울 내지 않지만
새빨간 장기에 새파란 멍이 들어요
밤하늘에 뜬 花火 같아서
저는 그것을 아주 오랫동안 주시해요

마음이 바닥이라면
걸레가 되어 깨끗이 닦아내고 싶어요
찜찜하고 불쾌한 것은
제가 전부 흡수하고 말겠죠
깨진 유리 조각 위로
청소기를 돌리지 않아도

왜 그런 가정은
쉬이 하지 않으시나요?

영원을 믿지 않아 읊조리는
시인은 누구보다 오래도록
영원을 바라던 사람일지도

노래하는 시인은 동경 받고
시를 쓰는 음악가는 홀대받음을
저는 자주 영문을 모르겠습니다

다정하게 대해 주세요
수요일 오후 세 시 사십 분
인천공항에서 울고 있는 저를요

사실은
모두가 알아채고 있는 걸지도

모르겠어요

그많은이름을눌러담아다정이라했다

열정은 데일까 걱정되고 순정은 싱거울까 염려되어
그 많은 이름을 눌러 담아 다정이라 했다 그것이 패착이었을까

심해의 잠수부에게는 파도가 관측되지 않듯이
다정이란 이불에 둘둘 감긴 네가
솜 트는 나를 발견하지 못한 건 어쩌면
당연한 수순일 수도 있겠다

낮과 밤의 길이가 같다던 날*
너울치는 아지랑이 사이로 반대 방위에 뜬 별을 보며 비틀비틀 중용을 지키던
선을 넘는 손이 너에게 한정인지 아니면
나의 천성인지 모르게

두들겨주고
일으켜주고
기대어
잡아주고

그날 올려다보는 너의 속눈썹 하나하나가 화살처럼 내려앉았다고 한다면 그건 우정으로 포장하기엔 너무 거북하려나

무수히 띄어 쓴 말과 머뭇거린 영원을 한 움큼 압축하면 그게 바로 다정이겠다
내 그것은 처음처럼 낡고 꽃샘처럼 예고 없으니
너는 그중에 가벼운 정 하나만 골라 들면 되겠다
그조차 번거롭다면 다만 웃음으로 정들어도 되겠다

너는 않고 그것만 해도
나는 충분히 다정하겠다

* 춘분(春分) : 24절기 중 네 번째 절기로, 이날은 낮과 밤의 길이가 같다. 조상들은 춘분의 날씨를 보아 그 해 농사의 풍흉과 수한을 점치기도 하였다. 서양에서는 대체로 춘분 이후부터를 봄으로 보고, 기독교에서는 부활절 계산의 기준점이 되는 역법상 중요한 날이다. 양력으로는 3월 21일(윤년은 20일)에 해당한다.

사랑으로 오인하여

너무 많이 주지는 마세요
그건 독이랑 다를 바가 없어서
곧 치사율에 힐끗 미치고
나는 아프게 죽어갈지도 모릅니다

당신의 별것 아닌 친절이
나에게로 와서는 다정함이란 명목이 되고
그것은 곧 바보 같이 사랑으로 거듭나
알면서도 나는 역경 속으로 발을 딛겠지요

그리고 나는 멍청하게 다정을 쓰고 사랑이라 읽으면서
어둠을 더듬으며 전등의 스위치를 켜는 버튼을 찾으면서
다시 지워내야 할 오타를 읽고 고장난 전등을 바라봐요

늘 다정을 쓰고 사랑이라 읽으며
언젠가 내가 당신을 보고 틀린 것 없이
꼭 들어맞는 마음일 수 있을까요

II

기다리는

내 다정을
네 컵에 담아

너무 투명한 맘이라
채워진 지 몰라

들어야 알 수 있는데
목마르지 않으면 몰라

색을 타면 더 이상
다정이 아니게 돼
바람은
다정이 아니잖아

투명하게 채워진 채
컵 안에 바람이 불어
잔잔한 물결이
네 눈을 간지럽히게

능동의 수동형

내가 좋아하는 사람들은 모두 이름을 바꿨어

어릴 적의 눈부심을 기억해?
우리는 과장된 꿈속에서 빛을 먹었다

일곱 살의 나와 스무 살의 너는 같은 사람이었다
사람의 울음 곁에서는 나이가 무의미해진다는 걸 알았다

우리 집에 갈래? 새 욕조를 샀어
검은 양이 말했다 우리는 욕조에서 함께 잠드는 것을 좋아했다 빈틈없이 몸을 붙여 체온을 나눌 때면 검은 양의 북슬북슬한 털이 피부를 간질였다
강물에 욕조를 띄웠다 욕조 바깥에는 못 붙여준 이름들이 있었다 헐벗은 이름들이 고요히 물살을 갈랐다 별들이 몸을 부딪는 소리가 희망처럼 들렸다 욕조를 타고 잠과 꿈 너머 숨의 골짜기로 흘러갈 거야 아직 호명되지 않은 행성까지

양털을 깎을 때면 어둠이 찬란해졌다
과장되지 않은 선의를 믿게 되었을 때 비로소 나이를 먹을 수 있었다

검은 양은 김밥을 좋아했다 그래서 우리의 약속 장소는 지하철 역사 일 번 출구로 나서면 길 건너 보이는 분식집이었다 주인아주머니는 검은 양이 먹기 좋은 크기로 김밥을 썰어 주셨다 우리는 꿈의 끄트머리에서 김밥을 먹었다 열차가 지연되고 있을 때 가장 좋은 탈것은 욕조였던 것 같다

 두려움 없이 이름을 부를 때
 신은 기꺼이 양의 모습을 하고 나타날 거야

너에게만은 끊어지지 않는 다정을

평평한 곳에 공을 놓고 굴려
데   구   르   르 굴러간다
다정은 그런 거야
시작되면 한동안 알아서 잘 굴러가는 무언가

이 세상은 미미한 것들로 이루어져 있어
모으고 모아 보니
쓸모가 생긴 것뿐이야
해체하면 전부 하찮고 대수롭지 않은 것들

뜨거움과 차가움, 그 어떤 쪽으로도 치우치지 않은
미적지근한 다정을 베풀어 볼까
미미한 것들 사이에 작은 요동을 일으켜 볼까
우스울 정도로 시시하게

실낱같은 다정을
시선의 끝을 따라가는 다정을
은근하게
네 주위에 두를 거야

끊어지기 전에
다시
끊기지 않게
또다시

아무렴, 눈치채지 못할 수도 있겠지
그래도 상관없어

Best After*

다정한 순간을 오래도록 수집했어
다정함이란 봉오리 안에서 숨 쉬는 것

성급히 열어서는 안 돼
덜 여문 꽃잎이 떨어지면
그 순간은 다시 담을 수 없으니까

한 잎 한 잎
열리는 꽃잎 사이로
풀린 운동화 끈을 보고 내 앞에 무릎 꿇는 당신
밤마다 내 배 위에 손을 올리는 당신의 잠버릇
오래전 내 첫울음을 기념하며 꺼내든 성냥과
깜깜한 밤, 눈앞의 케이크를 보여주고 싶었던 마음

오늘의 우리를 만나기 위해 주파수를 맞추던 숱한 순간들

뒤돌아볼 때 아름다워지는 것이 있다고 했지
쏟아지는 눈 속에서 내딛은 첫 발걸음 같은 것

이국의 밤거리를 혼자 걷던 나는 이제
당신의 전화를 받는다

* Best before는 유통기한, 즉 뒤에 적힌 날짜까지 최상의 상태가 보존됨을 의미함.

귀도리

셰익스피어의 사랑과
너의 다정은 어딘가 닮았지

낱말을 낚아채는 시인처럼
역병처럼 돋아나는 불협을 끌어안고
부유하는 그럼에도 불구하고

저며지는 염병할 마음들을 너는
살갗에 맞대고 사각사각
소거된 모서리

자 이제 아프지 않지
모서리를 둥글게 자르는 마음

너와 나의 말이 교차하여
우리로 거듭날 때

곤란함의 아이러니

세 끼를 꼬박 챙기고 찾아간 시골집
해치운 밥상에 오색을 한가득 채우고도
못내 아쉬운 마음을 주무르는 손이라든가요

잔 가득 대학로의 골목을 곱씹어 마시고
제자리에 흘려보내는 길에
홀쭉한 틈으로 빠진 지폐 한 장이라든가요

유난히 밤의 얼룩을 두려워하는 나를 위해
작은 상자가 닫힐 때까지
여섯 시간의 낮을 들려주는 눈이라든가요

괜찮아요,
손사래를 헤치고 침투하는 다정
그건 곤란하지만 분명 따스해서

나를 어렵게 하는 무수한 것 중에
가장 편안한 마음들

구명救命

의사만 사람을 살리는 게 아니래
편지에 적었다

딸기가 좋다고 하면
몇 날 며칠을 딸기만 씻어 주는 사람에게

세월 뒤집어쓴 손 보고도
이 손이 가장 곱다고 해 줄 사람에게

사나운 꿈에 당해
젖은 베갯잇 질질 끌고 방문 두드리면
지금도 변함없이
넉넉한 품을 내어 주는 사람에게

삶을 잘못 삼켰다 얹혔을 때

혼자인 게 뭐가 무섭니 외롭지
무서운 것보다야 차라리 외로운 게 낫지
밥은 뭐 먹을래
등 두드려 주는 사람에게

사랑을 아로새겨 준 사람에게

당신의 다정 안에서

이 생은 외롭지 않았다고
나는 늘 찬란했다고

언젠가 부칠 마음을 싣는다

다정과 찌꺼기

내 마음을 탈수기 마냥 탈탈 털고
집게 집어 널어 물기를 말려 보내면
남은 건 다정과 찌꺼기

나를 면포에 감싸 정성껏 짜고 체에 걸러 내면
남은 건 다정과 찌꺼기

사랑이 아닌 다정이라 찌꺼기가 나온 거야
사랑이 아닌 다정이니까

이게 사랑이었다면
정제되어, 불순물 같은 찌꺼기도 없었겠지만
이건 사랑이 아니니 먼지 한 톨 정도는 들어갈 수 있어
그렇지?

거짓 씌워진 내 마음은 사실
너무 고요해서 존재하는지도 몰랐지만
베일 속에서 열심히 숨 쉬어왔고
그 기저에는 다정이 깔려 있어

이젠 내가 숨소리를 들어줄 때야
내 숨결 하나로 시작되는 작은 것

그게 내 다정이야

헹궈낸 거짓을 털어 말리는 것도
몰래 자라나던 찝찝한 생각을 말려 보내는 것도
면포 밖으로 새어 나가는 불순물 같은 것도
진심을 알아달라며 간곡히 체에 걸러진 것도

결국 내 다정이었음을

나를 봐주는 친구들에게

몸집 다른 개 두 마리가 목줄 두 갈래로 나눠 걸어간다
큰 개가 똥 싸면 작은 개도 멈추고 뒤돌아 기다린다
줄은 팽팽해질 줄을 모른다

피도 안 섞인 두 개가 하나로 묶여 있는 이야기
한 마리가 울면 따라 우는 게 사람한테도 통하는지에 대한 이야기
나이 하나 빼먹은 것 같은 그런 사람들 이야기할 때면
욕 한 바가지는 못 해주겠고 기껏 할 수 있는 말은
울부짖을 곳이 없나 봐

새벽에 깨는 개는 눈치를 본다
잠긴 우리 너머
잠든 무리 사이
묶음으로 우는 개

낮에 다 못 끝낸 이야기
내 목소리가 들리니
밤에 귀신처럼 굴 땐
자는 척을 해야지

작은 습관들이 나를 이끌고
오늘도 어떻게든 완성되는 나를
제일 먼저 보고
제일 먼저 감추고
반으로 쪼개서 성공하는 건 오직 지구뿐이라고
우리의 시간은 쪼갤 수 있는 게 아니라고
몇 번을 가르쳐도

내 걱정이 묻은 네 일기를 물고 오는 게
큰 개인지 작은 개인지 맞히는 이야기
를 하다 보니 그 길을 걷는 데 오래도 걸렸다

내복약

우울증세 앓던 나는 잠들 수 없어서 편지 대신 처방전을 쓴다 신경안정제 세 알에 권고를 무시한 상비약 두 알을 더하고 삼십 분이 지나기 전에 액체로 된 안정제를 들이키자 어디선가 타이레놀이 감정을 다스리는 데 도움이 된다고 한 다음부터는 그것도 챙겨 먹었다 잠을 잘 수 있다 약이란 정말로 다정하지 누구도 알아주지 않는 불면을 끌어안는 가장 단란한 친구들이야

당신의 한 계절만이라도 그게 지나면 한 계절 더 행복이 연장되기를 바라고 또 바라겠습니다 오늘도 내일도 또 뵈어요 나 같은 걸 좋아한다며 당신이 이런 편지를 줬다 처방전 쓰는 것도 잊고 울다 지쳐 잠이 든다 아침 되면 이 편지가 당신이 쓴 처방전은 아닌가 한다 약 삼키듯 꺼내 먹으면 잠을 잘 수 있나 보다 왜 이렇게 다정할까 당신은 누구도 치료 못 할 불안을 감싸 안는 제일 이상한 언어를 써 적어도 오늘과 내일은 죽지 못하겠구나

당신을 앓던 나는 잠들 수 없어서 편지를 쓴다 그러면 꼭 처방전 같은 답장이 돌아온다 오늘은 이만큼의 다정을

써주셨다 서른 날 정도는 삼킬 분량 조제는 내 몫이지만 우리는 같은 말씨를 쓰니까 어렵지 않게 따를 수 있다 답신을 붙들고 잠을 잔다 당신이란 거 정말로 다정하지 누구나 외면하는 나의 슬픔을 위한 가장 사적인 약사

  취침 전 내복한다
  당신의 다정을

다정을 위하여

지구가 7600번 넘게 자전하는 동안
아무 일 없던 우리에게도 전환점이 생겼네
너의 안녕을 꿈꾸며 나는 펜을 든다
너를 위해 말을 고르는 동안

의도치 않게 나는 생을 한번 건넜다 왔어

그때, 그 어디쯤에서 서로 각자 분명히 걷고 있었나
다리가 말을 안 듣는 것 같을 때
선명하게 땅을 딛었지만, 발자국은 없어서
고개는 자꾸 뒤를 보고, 어깨는 동그랗게
포물선을 그리듯 굽이져 더욱 옹크릴 때면

너무 쓸쓸한 세상이 보여
따뜻한 말만을 수천 번 외치고 싶었어
그저 전달하고 싶어 자꾸 내뱉을 때마다
너는 이름처럼 다정한 얼굴로
내 서툰 말들은 반원을 그리는 미소가 되었지
동그랗게도 웃을 수 있다는 걸 알았어
너에게 말을 건네는 동안

나는 생을 건너올 수 있었나

여전히 외로운 세상이 보여
너의 평안을 꿈꾸며 나는
펜을 든다, 영원한
다정을 위하여

말하지 않아도

 알게 되는 게 있다 이를테면 당신이 이건 우리 집 앞마당의 석류나무에서 데려왔어요 하면서 내게 잘 익은 한 알의 석류를 건네주는 것 그런 일엔 굳이 이름을 붙이지 않는다 대신 나는 당신이 건네준 열매를 차갑지 않은 물에 씻고 열매를 반으로 자른다 당신과 나의 몫으로, 붉은 두근거림 알알이 차오른 석류를 관찰할 수도 있다 오후의 빛이 묻은 어린 열매가 당신의 손길을 따라 부풀어 올랐겠구나 생각하면 괜히 지난여름 당신의 집에 초대받은 기억이 손끝에 맺힌다 바람과 춤추던 석류꽃 사랑으로 싱크대에 떠오르고 석류 꽃다발 귓바퀴를 따라서 자라는지 달아오르면 내 뒤에 앉은 당신이 아픈지 묻는다 감상은 물기처럼 털어낸 뒤 나는 아뇨 당신이 건네준 이걸 어떻게 삼켜야 할지 고민 중이었어요 그렇게 답한다 당신은 무엇이든지 좋다고 한다 그런 웃음 끝에는 말하지 않아도 알게 되는 마음이 매달려 있다 당신의 미소에 어떻게 답장하면 좋을까 사실 나의 정원에도 과일나무 하나 있지만 열매까지 틔워내는 게 그렇게 어렵고 당신이 가져온 석류 한 알 나누어 먹으며 비법을 묻는다 잘 익은 석류는 새콤하기보다는 달콤하다는데 단맛이 나는 석류는 처음 먹어본다고도 했다 당신은 그저 조금의 다정을 퇴비로 주는 게 좋다고 한다 그건 정말로 당신의 방법 같다 마치 굳이 말하지 않아도 손끝에 닿는 당신의, 시선, 석류 열매 그리고 잘 자란 오후처럼

다정의 문법

다정의 반대말은
무정 아닌 규정

그래서 다정한 사람은
다 정하지 않은 사람

정해둔 모양이 없어
있는 그대로에 끄덕이는 사람

당신이 그랬어요

제 안경의 색으로
나를 칠하지 않던 사람

물음표를 달기 전
느낌표를 먼저 달아보던 사람

작은따옴표 사이를 지워가며
큰따옴표를 달기까지 오래 걸리던 사람

나에겐 그랬어요

다정한 사랑은
나의 언어를 당신의 언어로 번역하는 일

나의 아픔에는 괄호를 치고
당신의 행복에 밑줄을 치는 일

당신과 나 사이 띄어쓰기도
다시금 끌어안은 새벽에

이별의 문법을 어기고
이 별의 끝까지 마침표를 찍지 말자던

우리가 그랬어요,

다정한 유언

내가 죽는 날짜가 유품이라면
만남들은 아마 유서가 되겠지
그 날짜들을 간직하고 살아갈 사람을 위해
가장 다정한 유언들을 모으자
그렇게 다짐했어

우리는 모여 앉아 지난밤 떠올렸던 말의 의미를
낡고 낡은 사전에서 찾아내곤 했어
발견되지 않았던 마음은
이름을 붙이는 일은
항상 어려운 법이고
내밀었던 손을 냅다 물어버리는 말들도 있으니깐

세상에는
끝을 알면서도 넘겨야 하는 단호한 달력도
끝을 모르고도 매일 써 내려가야 하는 사랑스러운 일기도
그런 뜻 모를 일들이 많으니깐
나는 달콤한 알맹이보다는
수북이 쌓인 포장지들을 줄게

같은 말들과 같은 날들
그렇게 모서리가 닳고 닳으면
베일 일 없는 다정한 페이지들만 남겠지
그렇게 다정한 나날들이

멍든 사과

밤에서 알맹이를 빼 들던 날을 생각한다
밤에서 밤을 빼면 속이 희다
뽀얀 살에 아삭아삭 소리가 나다가
이내 누렇게 떠서는 서걱서걱하다
웅얼웅얼 사과를 씹었다
터진 심장에서 과육이 넘친다
흥건하게 젖은 눈가를 문지르며
웃는다, 그가 웃었다
입안에 부서지는 하얀 세상에서
굴절되지 않는 거짓말이 쏟아진다
사랑한다와 사랑했다는
과거의 안부와 미래의 고백에
모두가 창백한 식탁 위
붉어지는 것은 검은 네 혓바닥이고
이유 없는 물음에도
속절없이 조각난 마음들에
천국의 언어는 몰라도
사랑이라는 재앙이 구원이 되도록
어둠을 맨몸으로 서성이는 젖은 영혼을 끌어안고

당신이 떨어지지 않도록
내가 떨어지지 않도록
우리가 녹아내리지 않도록

투명한 균열의 계절 속에서도
너의 슬픔이 낯설지 않게 부르는

유일한 다정이 되고 싶었다

미레에게

　낙엽을 반으로 접으면 이 편지가 도착하겠지

　미레야 나는 너와 지내던 마을로 돌아왔어 인사들은 낯설었고 어린 소녀가 사탕을 물고 지나갔어 너는 늘 오른쪽으로 밥을 꼭꼭 씹었지? 소녀는 오른쪽 어금니에만 금이빨이 있었어 미레처럼

　오늘은 미레 생각을 많이 해서 잠깐 미레가 됐어 혼자서 머리카락을 땋아보았지
　너는 내 목뒤에 살짝 튀어나와 손끝에서 느껴지는 점이 우리의 맥박 같다고 했잖아 그렇지만 그 점은 너의 작고 귀여운 코 같다는 걸 나는 알았고 아이들의 정갈한 가르마는 세상에서 가장 부드러운 사랑 같았지

　미레의 속눈썹은 정말 길어서 꼭 눈이 이불을 덮은 것 같았는데 얼마 전에 우물에서 잠이 든 채 발견된 소녀가 있었대 그건 실은 다른 세계의 네가 아니었을까 수많은 미래의 너일까
　죽음을 일찍 마주한 아이들은 어둠을 무서워하지 않아서 아이들은 절대로 죽음이라고 번역하지 않은 이야기였지

오타에서부터 시작되는

/
토마토

울퉁불퉁한 토마토는
거꾸로 해도 모서리에 찔리지 않았지

이것이 신이 주신 특권이라면
너와 나의 심장도 울퉁불퉁하면 좋겠어
영원을 끌어안아도 다치지 않을 거야

밀수 기록

　너의 잠꼬대를 몰래 옮기는 밤이다 놓지 못한 손깍지 안의 손금들이 모여 웅성거린다 너는 나의 삶을 배반하게 만드는 각색가 나의 무정이 오역될 때마다 가져 본 적 없는 다정이 태어난다 네 이름의 발음을 가진 채로

　비를 사랑하는 내가
　젖는 것을 두려워할 리 있겠니

　어젯밤 너를 닮아 훔친 별자리 하나
　모든 별들의 밤이 암전되고
　숨겨진 이름들의 수명을
　하나씩 세어 보며

　네 존재의 사음邪音을 사음寫音하며

　봄의 무릎은 아름답게 녹은 것들의 출처 파기된 마음들이 돌진하는 나라에 입국해 춤추는 포로의 밤 선행된 우기가 밀반입한 겨울을 녹이기 시작한다 그러나 너의 계절과 함께 젖는 것이 나의 사명이었으므로

어떻게 읽어도 미문인 너를 표절조차 하지 못하는 내가 사랑해 버려서 나는 내 이름을 너의 아류에도 붙이지 못했다 사랑은 추락의 성질을 가졌다 맹신했으나 네 앞에서 자꾸만 넘어지는 맹목으로부터 순간을 영원으로 연장하고

너의 다정多情을 다정茶精처럼 마시며

손금은 만져질 때마다
생이 간지럽혀지는 기분이어서
성호를 닮은 발목마다 나침반을 놓지

생의 기록이 모두
너를 위한 각주 같다

생명선

누군가가 나에게 손바닥을 내밀면 생명선을 먼저 보게 돼
굵은 생명선이 손바닥의 중앙을 선명히 지나가고 내 것보다 길면 안심해
나보다 더 오래오래 살아야 해

정이 많으면 다른 사람보다 상처받을 일이 많아
모든 것들은 영원히 살아있지도 못하고 또 영원히 죽어있지도 못하는데
나에게 한정된 다정이란 게 있다면 쓱쓱 쓸어 담아 주는 게 좋지 않을까?

다 정해져 버린 과거와
다 정해져 있는 미래가
나의 오늘을 엉망으로 만들지라도
너에겐 진심으로 다정했으니 나는 완성되지 않아도 좋아

나보다 생명선이 흐린 사람을 사랑하게 되어도
너는 내 다정이 끝날 때까지 그칠 때까지
그렇게 흐릿하게 오래오래 살아남아야 해

맥주병

받은 다정이 너무 무거워
오래전부터 나는 물에 뜨지 않는 몸

같은 우산 아래 유난히 젖은 어깨 하나
닮아가는 발걸음 둘
켜켜이 쌓인 안부 인사 셋
마주치는 눈동자 넷

둥실둥실 부푸는 마음
너의 끝이 어디인지 알 수 없어
납보다 무거운 다정함을 신고
정수리까지 네게 푸욱 잠겨드는 나

네게도 각주를 달 수 있다면 얼마나 좋을까
너의 다정을 가볍해 살아갈 순 없을까

그래
너의 언어로는
사랑의 반대말이 다정이구나

사람들의 유언을 모아 주머니에 넣고 너의 이름을 불렀지

그때 종말이 오고 있었어
사람들의 유언을 모아 주머니에
넣고 너의 이름을 불렀지

솔아
도망가자 우리
아름다운 건 모두 어제에 있어

티켓을 주세요 우리는
날개를 하나씩 잘라
울지 않았어 우리가
손을 잡으면 날 수 있었지

그때 주머니가 나뭇가지에 걸려
무수한 말들이 쏟아져 내려
거기에 다정하지 않은 낱말은
하나도 하나도

일어나
햇빛이야

눈곱에 네가 붙어
떨어지질 않아

일어나
도착이야

네가 있는?
네가 있는

날개가 하나여도 해하지 않는
다정한 세계

모국어 전이 현상

낯선 언어가 해석도 없이 날아든다 서성거리던 낡은 의구심을 걷어내고 서투른 발음으로 좇아가다 보면 어떤 다정이 영영 저물지 않아서 어떤 하루도 끝내 시들지 않았다는 익명의 명제가 괄호 속에 못박힌다

습관처럼 번복되던 비문, 출처 없이 치러지던 감정의 오역, 오탈자를 들어내면 공란뿐이던, 무의미 무감각 온통 없는 것들의 부록이었던, 미제의 과거를 읽어내는 것만이 유일했던 페이지는 마침표를 찍고

파본이었던 나는 너의 언어로 엮어진다

너의 모국어는 다정이었을까
밀려오는 문장에 숨 멎은 이는 없었을까
그렇게 밑줄을 긋고는 너에게 잠기러 간다

다정한 동그라미

슬픔을 그린다면 세모일 거야
몸을 웅크린 채, 알아줄 누군가를 기다리며
3개의 꼭짓점을 뾰족히 세워둔 거야

위로를 그린다면 네모일 거야
나의 슬픔에 구원처럼 내밀어온 너의 손
그 손을 맞잡아 우린 네모가 된 거야

다정을 그린다면 동그라미일 거야
따뜻한 너의 말에
내 눈에는 동글동글 눈물이 흐르니까

우리는 동그랗게 마주 앉아
결국엔 서로를 마주 안아

다정한 온기로
뾰족한 마음을 동그랗게 보듬어
나는 이제 더 이상 모나지 않아

사랑의 습관

언젠가 잠시 주공 아파트에 살 때
엄마는 집을 반질거리게 치웠어
주말에는 창을 훤히 열고 커피 내렸고
카세트테이프로 음악을 틀었어
네 눈썹이 가는 방향을 내려다보면서
내가 숨 쉬는 대로 올랐다 내려가는
너의 작은 머리를 보면서
닦고 치우고 흐르도록 두는 일을 생각했어
기침도 잠에 드는 밤
감기약에 먹먹해진 나는 이 순간이 평화 같고
뒤를 돌아보는 먼눈을 가진다
너무 오래 인상 쓰고 지냈어
그리 돌아갈 수 있을 것 같은데 실은 아니지
돌이킬 수 없을 때 나는 그것이 아쉽지
가진 줄도 모른 때 이미 와 있는
뒤척이는 네 등을 쓸어주면서 더 자라고 말해
그때의 나도 어린 엄마도 쉽게 안 그려지는데
쓸고 닦이고 들리던 건 아주 작은 표피로 내게 남았어
도서관처럼 책장을 내 방 안으로 밀어주던 것이나
은밀하게 숨을 공간을 만들어 둔 것
단둘이 싸우고 화해하고 약속하는 것

눈 쌓인 동네에서 내 또래 사람과
어린이가 이순신 장군 놀이를 하고 있어
그게 뭔지 모르겠지만 아이는 와르륵 웃고
그럴수록 나는 네 등을 천천히 더 천천히

보살핌

자동차 뒷좌석에 놓인 라디오에선
소리 없는 음악이 흘러나온다

걸어가는 오 분 사이
새벽바람이 생채기라도 낼까
신신당부하는 그의 목소리
절대 함부로 애쓰지 마

목적 없는 보살핌에
왜인지 구역질이 나
나는 아직도 소리 없는 음악의
가사를 곱씹고

새벽의 시간을 혼자 보낼 수 없었던
음악 한 곡의 순간을 떠올려
유일하게 따뜻했던

시소

우리는 미지근한 등을 맞대고
긴 허공을 주고받아

내려앉은 다정이
나를 덮고
너도 안고

그윽한 응원은 달막대는 입술 사이로 고개를 내밀고
맞닿은 시선이 감빛으로 물들고 있어

언제까지 볕을 기다려야 해?
한들거리는 풀꽃의 움직임이면 충분한데

차라리 저 해바라기 속으로 빠지고 싶어
풀어진 마음들과
메마른 눈물을 주워 담고

기다려도 될까
너의 수풀 속으로 초대해 줘

영롱한 몽롱

언젠가 모진耗盡될 모진 세상
찰랑이는 액체에 일렁이는 마음을 붙잡고
뿌옇게 변해가는 기억을 더듬으며
발그레한 너의 뺨에
손끝 시린 추위를 탄 내 손을 얹으면
물기를 머금은 것처럼 출렁이던 눈동자에
일순간 고요가 차오르며 건건해지는 것 같지만
이내 다시 올라온 취기가 세상을 물들이고
실없는 말들과 순간의 웃음들이
채움과 비움을 반복하며
너와 나 사이의 술잔에 미끄러진다
다정도 병이라면, 그것이 술병이었는지
우리는 그렇게 병을 늘려가고
빈 병 가득 너와 나의 이야기를 담는다

Blue Whale, blue

다정한 결속이다,
너와 내가 엮여있는 방식

온 세상 파랑波浪을 한아름 끌어안고
다분히 정이 많은 양상으로 마주한 두 표면

서툰 다정이 무서워 네 이름을 어루만진다
네 다정은 무해하니까
그건 네게 가장 유해하니까

고요한 네 다정 속 날 오래도록 유영하길
모든 파랑이 파랑波浪으로 부서지지 않도록,
네 마루의 빛을 우리 다정하게 은유하길

이름을 부른다는 건 아무런 연고 없는 낱말에 너를 떠올린다는 것

얘들아* 우리 내리는 눈처럼 마주 볼래

유일하고 정신없게
다신 없을 순간이라는 듯 춤추는 은하수
수요일 목요일 그렇게 세는 거 우리에겐 의미 없지
눈은 연속되는 거니까 유치하고 빈번한 게 사랑이니까

  민 것과 당긴 것 사이에 서서 팽팽한 마음을 풀지 못했다 하루가 일 년 같은 나날이 다 진짜라면, 주석처럼 구겨진 밑단처럼 지하도 울리는 노래를 불러줄게 서서히 부서지는 태양 빛나는 윤슬 반짝이는 보석 경찰도 넋을 놓고 추격을 멈추는 진솔한 댄스

지구에 사람이 너무 많아
우리가 우리를 훔치지 않으면 꼭 누군가에게 도둑맞는다

  시시해도 우박처럼 아파도 그만둘 수 없는 이야기 소심하게 시작해 대담하게 끝내야하는 이야기, 연속되는 이야기 가시밭길의 압정도 은하수로 만드는 이야기 보고 있어?

조금 민망해도 아쉬움 같은 건 눈 사이에 존재하지 않으면 좋겠다 그리워할 일도 없기를

 수정을 거듭해 정수로 딱 떨어지는 언어가 필요해 다음에 올 문장은? 빈칸을 채울 인사는? 나는 매일 나에게 인정받지 못한 문장만 써왔지만 그래도 편지는 도착하니까

 어느새 우리는 하나의 눈사람
 보고 싶을 때마다 쏟아지듯 웃을게
 온몸이 떨리도록

 눈처럼
 계속해서 내리는 함박눈처럼

* 시 속에는 나를 지나간, 내가 사랑하는 스무 명의 이름이 녹아있다. 이름으로 지은 이행시를 모으니 시가 됐다. 그들을 모르는 사람에겐 그저 시일 뿐, 이름은 보이지 않을 것이다. 내게 가장 소중한 글자들을 다정에 바친다. 죽을 때까지 소중할 것이다. 내게 이보다 더 다정한 글자는 없다.

익사

그러니까
한껏 넘실대던
녹진한 다정을
숨 틈으로 바라보다가

       풍

          덩

      가

     라

    앉

   는

것으로 표류를 시작해요

뻐끔거리는 마음을 엮어두었는데
어질한 밀도가 당신으로부터

머금은 박동을 매달고 물증 아래로 닻이 던져져요

기포가 부탁을 안고 스치겠지
먹먹한 머리카락을 다듬길 잘했어요
늘어지는 빛깔이 자꾸만 하늘로 걸음을 떼지 못하도록

말투는 못내 덜 들키고 싶어요
거짓말은 옆구리를 깨물고
헤엄치는 법을 모른 척해

시간으로부터 기별이 갈 테죠
과거를 헤아리지 못한 우리는 추억쯤을 죽음으로 치부하고
당신의 한 뼘은 나를 피워서
아둔한 설렘을 밀어 넣어요

냉정한 바다라는 현상을 배운 거야
잘못된 과학 시간에
비밀은 손가락과 입술 사이에서 증발하고
새빨간 긴장이 옥죄는

일렁이는
울렁이는

어두워요
이제 숨겨둘 공기가 없고
심장에 달린 눈을 감길게요

.
.
.
.
.
.

인간은 정이 너무 많고
해저는 마를 수 없으니

.
.
.
.

.
.
.
.
.
.
.

장엄한 사인을 알아채지 마요

나정아, 들어봐

우리 언젠가 손을 꼭- 붙잡고 살다가
볕이 따사히- 내리는 집을 얻어다가
네 코를 쏙- 빼닮은 아이와 함께
틈만 나면 바다를 놀러 다니며 살자

어떤 먼지를 뒤집어써도
재즈를 함께 들으며 춤추다가
난장판 속에서 서로의 얼굴을 보면
보조개가 저릴 때까지 웃자

우린 소박한 가정을 꾸리고
매일 다정하게 웃을 수 있을 것만 같아

가정 나정 다정
네 옆엔 어찌 아름다운 것만 있는지

그래서 네 곁에 내가
이토록 행복한가 봐

솜사탕 마법사

목구멍에 네 눈빛이 걸렸어
뜨끈뜨끈
아늑해서 녹는 중

뜨거운 걸 잘 삼키면
술을 잘 마신다던데
네 마음을 삼키면
지구에서 제일가는 주당이 되나
사랑이 되나

밥은 먹었니 오늘은 어땠어 고생했어 잘했네 응 잘했네 에 내일도 같이 먹을까 너 좋다던 그 집에서 왜긴 네 기분이 궁금하니까
그게 중요해

잘한 거 아무것도 없는데
잘했다고 하니까
정말 잘한 사람이 된 것 같아서

'아무것도'를 '무엇이든'으로 바꾸는 사람
마법사 유일무이

오 차선 도로 선한 걸 택하는 능력
부러워

젤리처럼 말랑한
솜사탕 냄새 흘러내린
압도적인 마음
꿀물 들이키고 남은
끈적해서 달라붙고 싶은 마음

찰나에 말한 걸 기억하는 몸짓이
나 그것에 약한 것도
전부

절여지기
네 손에 사로잡혀
그대로 푸욱
뛰어들기

스노우볼의 궤도

파도가 회전목마를 덮치고 있다
멈출 줄 모르는 스노우볼처럼

나는 너를 따라 회전한다
파도는 투명한 볼처럼 우리를 삼키고
흰 눈이 날리는 둥근 우주 헬멧을 쓴 것처럼
다정한 표정들이 겹겹이 쌓인다

하얀 가루들이 천천히 가라앉을 때
그게 네가 말한 다정함이라면

숨과 숨이 뒤섞여야 움직일 수 있듯
너는 손목의 구겨진 주름을 문지른다

음악 소리가 향수라도 돼?
향으로 기억하는 세계는
노크 없이 마음을 두드리지
음악은 네 목소리에서 흘러나오는 체온 같고

스노우볼 속의 흰 눈이 한 쪽 눈 위에 겹쳐졌다

자꾸만 돌아가는 회전목마에서
너의 눈동자는 파도에 휩쓸린다

우리를 흔들어 줄 손이 필요하다면
그건 투명한 배경 속 하얀 빛일 거야

밀려오는 마음이 갇힌 시간을 흔들고 있다
스노우볼 속이 뿌옇게 사랑을 표한다

섬

뾰족한 햇살이 유난스러운 점심이야, 할매. 어제는 한강에서 잉어와 눈을 맞췄어. 여의도역 앞의 까치와 왈츠를 추기도 했지. 자꾸만 작은 것들을 쫓아다니게 돼. 여긴 제주가 아니니까. 할매가 영상 통화를 할 줄 모르니까. 할매, 도시 사람들 만나본 적 있어? 제주까지 와서 시체처럼 바다만 보는 사람들. 글쎄 옆집은 떡을 건네니까 고맙다는 말도 안 하더라고. 월정리에서 튀었던 바닷물 냄새가 아직도 안 빠졌나? 나는 내 검은 나시의 배를 쥐고 킁킁거렸어. 사실 서울에서 다정하다는 건 열등 종자라는 걸 의미해. 왜냐니? 자원은 한정적이잖아. 인생은 제로섬 게임이라고. 그래서 참새에게 연민을 느꼈던 들고양이가 어느날 죽어버린 거야.

타오르는 모닥불이 없으니, 담배를 피는 수밖에. 내일의 목표를 정해볼까. 옆집에 아침 인사 하기. 할매가 치매에 걸린 사실 잊어버리기.

정점

햇빛이 여러 번 입 맞춰준 자국이 점이래
햇빛이 다녀간 따뜻함이 느껴지는 게 정이 아닐까
정은 여름이구나
많은 점이 생기고 정이 생기는
저부터 시작되는 한 끗 차이의
ㅁㅇ
마음
네모나거나 동그랗거나

손을 잡고 둥그렇게 모여 앉아 마주 보고
점이 몇 개 있는지 세어 보는데
점
점 점
정 정 정
정 정 정 정…
많은 점이 모인 까만 밤은 다정한 저들의 시간
밤에도 햇빛을 느낄 수 있는 마음

계절과 당신

겨울의 흩날리는 눈발이
볼품없어진 나뭇가지 위로 내려
새하얀 이불을
덮어주는 것

겨울의 눈물을
뿌리에 기억해 두었다가
봄에 활짝 꽃 피우는 것

여름의 무더운 날씨에
갈라지는 땅 위를
빗방울이 슬며시
적셔주고 가는 것

가을날 물든 잎사귀들을
나무 혼자서 가지고 있는 것이 아닌
건조한 바닥에게
가득 안겨주는 것

사계절이 저마다
다른 이유들로 다정하다
계절마다 열매 맺어 태어난 그대들도
각기 다른 이유들로 다정하다

파도시집선 015

다정

초판 1쇄 발행 2024년 6월 21일 하지
2쇄 발행 2025년 2월 10일

지 은 이 | 김태우 외 52명
펴 낸 곳 | 파도
편   집 | 길보배
등록번호 | 제 2020-000013호
주   소 | 서울특별시 서대문구 증가로 17길 38
전자우편 | seeyoursea@naver.com
I S B N | 979-11-93627-01-3 (03810)

값 10,000원

ⓒ 파도, 2024. Printed in seoul, korea.

* 이 책의 판권은 지은이와 파도에게 있습니다. 양측의 서면 동의 없는 무단 전재 및 복제를 금합니다.
* 맞춤법과 띄어쓰기는 원본에서 기인하였습니다.
* 파도시집선 참여 작가들의 인세는 매년 기부됩니다.